CW00572194

COLLECTION
CONNAÎTRE UNE ŒUVRE

THÉOPHILE GAUTIER

La Morte amoureuse

Fiche de lecture

Les Éditions du Cénacle

ISBN 978-2-7593-0274-1

Dépôt légal : Août 2019

SOMMAIRE

BIOGRAPHIE

THÉOPHILE GAUTIER

Pierre-Jules Théophile Gautier naît le 30 août 1811 à Tarbes. Il est issu d'un milieu modeste avec un père artisan et une mère fonctionnaire. Il a deux sœurs : Émilie, née en 1817, et Zoé, née en 1820.

En janvier 1922, il entre au collège royal Louis-le-Grand, mais il a du mal à supporter l'internat. Il continue donc ses études au collège Charlemagne, en tant qu'externe. Là, il se lie d'amitié avec Gérard Labrunie, qui prend plus tard le nom de Gérard de Nerval.

Gautier, qui peint depuis quelques années, obtient de pouvoir suivre les cours de peinture à l'atelier de Louis Rioult, parallèlement à son année de philosophie (l'équivalent de l'année de Terminale). Mais il est découragé par des progrès trop lents et une myopie qui l'handicape sérieusement. Il délaisse donc la peinture en faveur de la poésie.

Gautier publie son premier recueil de poésie en juillet 1829. Grâce à Nerval, il rencontre Victor Hugo, qu'il considère comme un maître.

En 1830, il rejoint le groupe du « Petit Cénacle » qui réunit des artistes, des architectes, des peintres et des écrivains. En font partie entre autres Gérard de Nerval, Philotée O'Nelly, Célestin Nanteuil, Pétrus Borel.

Le 4 mai 1831, il fait publier « La Cafetière », sa première nouvelle fantastique.

Entre 1832 et 1834, il fait paraître « Albertus ou l'Âme et le Péché » chez Paulin, puis *Les Jeunes-France, romans goguenards*. En 1834, il loue un petit deux-pièces dans l'impasse du Doyenné, juste en face de l'appartement du peintre Camille Rogier. Il voit aussi souvent Gérard de Nerval et Arsène Houssaye. Ce second groupe composé de peintres et d'écrivains est plus tard nommé « Bohème du Doyenné ». Cette époque de sa vie est décrite par Gautier comme un temps de bonheur, d'espoir, de labeur enthousiaste. Son second récit fantastique « Omphale » paraît en février.

En 1834, Gautier s'éprend de la « Cydalise », une jeune fille qui fréquente le groupe de la Bohème et qui meurt en 1836. Il s'éprend à peu près en même temps, de manière plus durable, bien que discontinue, de Vitorine. En février 1836, il noue une liaison avec Eugénie Fort, dont il a un fils en novembre, qu'il finit sous la contrainte par reconnaître.

En 1835, il fait publier *Mademoiselle de Maupin*, « La Morte amoureuse », et son article intitulé « Contes d'Hoffmann » en 1836. Il effectue son premier voyage en Belgique et en Hollande avec Nerval, dont il rapporte un récit, « Un tour en Belgique », qui est publié dans la revue que vient de fonder Balzac, *La Chronique de Paris*.

Il devient critique dramatique pour *La Presse*, dirigé par le publiciste Émile de Girardin, en août 1836. Il vit cela comme une servitude, qui dure jusqu'en 1855, mais cela lui permet d'acquérir une assurance financière.

En 1840, il rencontre Carlotta Grisi, danseuse, dont il tombe durablement amoureux. Il écrit pour elle le ballet *Giselle*. La même année, il part avec Eugène Piot en Espagne. Il en rapporte des écrits qui paraissent dans *La Presse* et *La Revue de Paris*.

L'année 1843-44, il noue une liaison avec la sœur aînée de Carlotta, Ernesta Grisi, cantatrice. De leur union naissent deux filles : Judith, en 1845, et Estelle, en 1847. Au cours de ces années, il fait paraître « Le Roi Candaule » et *Les Grotesques*.

En 1845, il réalise la première étape du rêve oriental en partant en Algérie avec Noël Parfait, avec qui il travaille à *La Presse*. En novembre, il rencontre Baudelaire à l'hôtel Pimodan où il fait l'expérience du haschisch. En 1846, il voyage en Belgique, en Hollande, en Angleterre et en Espagne.

En 1849, il commence une nouvelle liaison avec Marie

Mattei, une femme qu'il rencontre à Londres. En 1850, elle le rejoint en Italie, où il voyage avec Louis de Cormenin. Il rend compte d'une partie de son séjour dans *La Presse* à partir de septembre 1850.

En 1852, Victor Hugo est exilé, et Gautier déplore la perte de l'écrivain. Cette année-là, il rejoint Ernesta à Constantinople et publie « Aria Marcella » et *Émaux et Camées*.

Son ami Nerval se pend en janvier 1855, et Gautier est très affecté par sa mort. En avril, Gautier quitte *La Presse* en faveur du *Moniteur universel*, journal officiel de l'Empire, car il y obtient une meilleure rémunération. Certains de ses amis, dont Maxime Du Camp et Émile de Girardin, son ex-employeur, en sont scandalisés. En décembre, il est choisi comme rédacteur en chef de *L'Artiste*.

En 1857, il s'installe à Neuilly-sur-Seine avec Ernesta et ses filles. Baudelaire dédie à Gautier ses *Fleurs du Mal* : « Au poète impeccable, / Au parfait magicien ès lettres françaises. » En mai de la même année, « Avatar » paraît.

Gautier fait deux voyages en Russie en 1858 et 1861 car il projette d'écrire un ouvrage sur les *Trésors d'art de l'Ancienne Russie*. Mais il ne finit jamais l'ouvrage ; seules quelques livraisons sont publiées en 1861. La même année paraît l'*Histoire de l'art dramatique en France depuis vingt-cinq ans* en six volumes, ainsi que le début du grand roman à succès *Le Capitaine Fracasse*, dont la publication ne se termine qu'à la fin de l'année 1863.

Entre 1861 et 1866, Gautier se rend régulièrement chez Carlotta Grisi (sœur d'Ernesta) à Genève. Leur passion, plus ou moins idéalisée, lui inspire le roman *Spirite*, qui paraît dans *Le Moniteur* à partir de novembre 1865. L'année 1863 marque le début de la participation régulière de Gautier aux « dîners Magny », où se rendent également Flaubert, les frères Goncourt et Tourgueniev. En 1866, il rompt avec

Ernesta Grisi, contrarié par le mariage de leur fille Judith avec le poète Catulle Mendès.

En 1868, il devient bibliothécaire de la princesse Mathilde, action qui lui est reprochée par beaucoup. Son *Rapport sur les progrès de la poésie* paraît. Il y exprime son admiration toujours vivace pour Hugo. Il a enfin l'occasion de partir en Égypte pour l'inauguration du canal de Suez en 1869. C'est l'un de ses plus grands rêves, comme le prouve *Le Roman de la momie* ou encore « Le pied de momie », parus avant son voyage. Malheureusement, il se casse un bras et ne peut visiter que Le Caire et Alexandrie.

L'année 1870-71, la chute de l'Empire l'inquiète, mais il continue pourtant à travailler pour le *Journal officiel*. Hugo revient d'exil, à sa plus grande joie. Gautier vit très mal la Commune de 1871 et manifeste une violente réaction antidémocratique. Il publie quelques poèmes dans le second *Parnasse contemporain*, en réponse aux sollicitations de jeunes poètes « parnassiens ».

Gautier meurt le 23 octobre 1872 de complications cardiaques. Il était en train de rédiger son *Histoire du romantisme*, restée inachevée. Les parnassiens lui rendent hommage dans un recueil de poèmes, *Tombeau de Théophile Gautier*, en 1873. Hugo et Mallarmé y apportent leur contribution.

PRÉSENTATION DE LA MORTE AMOUREUSE

La Morte amoureuse est le troisième récit fantastique de Gautier. Annoncé le 16 juin 1836 par *La Chronique de Paris* sous le titre « Les Amours d'une morte », La Morte amoureuse paraît dans cette revue les 23 et 26 juin sous son titre définitif.

Pendant longtemps, Gautier eut l'image du poète de l'art pour l'art, et l'auteur fantastique fut laissé de côté. C'est à partir de 1862 que l'on commence à redécouvrir ses textes et à les publier, soit moins de dix ans avant sa mort. *La Morte amoureuse* compte parmi ses récits les plus célèbres et les plus étudiés.

Il se présente sous la forme d'une confession, souvent utilisée dans le genre : « Le Chat noir » d'Edgar Allan Poe (1843, dans *Nouvelles Histoires extraordinaires*) et *Le Nom de la rose* d'Umberto Eco (1980) arborent le même schéma avec une confession de vieillesse. Cela permet de donner l'impression que le sort du narrateur est scellé dès le départ : le lecteur s'intéresse moins au dénouement qu'il connaît déjà qu'au traitement de l'intrigue. De plus, cela permet au lecteur d'entrer dès le début dans l'atmosphère du récit, puisqu'on le prévient à l'avance de l'étrangeté des événements qui vont être racontés. Le lecteur est constamment sous tension, tout d'abord parce qu'il tient la place d'interlocuteur de Romuald, ensuite parce qu'il guette sans cesse les nombreux « indices » laissés par Gautier pour prévenir du passage de la réalité au fantastique.

RÉSUMÉ DE
LA NOUVELLE

La narration s'apparente à la confession d'un homme à un autre qu'il appelle « frère » – un jeune prêtre – et qui lui a demandé s'il avait déjà aimé. L'homme, âgé de soixante-dix ans, ose à peine reparler de cette terrible passion, dont il considère les événements comme étranges. En effet, il a été durant trois ans le « jouet d'une illusion singulière et diabolique ». Il parvint à s'en sortir grâce à Dieu et à son saint patron. Il était prêtre de campagne le jour, chaste, occupé de prières, et la nuit, il rêvait – et doute encore que ce n'ait été qu'un rêve – qu'il menait une existence de damné, une vie mondaine, connaisseur en femmes, chiens, chevaux, jouant, buvant et blasphémant. À l'inverse, lorsque le prêtre se réveillait au matin après une nuit de débauche rêvée, il avait l'impression de s'endormir et de rêver une vie dans les ordres. Il a gardé quelques habitudes de langage de cette vie nocturne, si bien qu'alors qu'il n'a jamais quitté son presbytère au fond d'un bois, on croirait, à l'entendre, voir un homme qui a fréquenté le monde et s'est converti seulement en fin de vie. Oui, il a aimé une femme d'une passion violente et insensée.

Dès sa plus tendre enfance, le narrateur eut pour vocation de devenir prêtre. Il mena sa vie dans ce but, si bien qu'on acceptât qu'il fût ordonné malgré sa jeunesse. Il n'avait aucune connaissance de la femme, il était d'une parfaite innocence et vivait loin du monde.

Sa vocation était irrévocable. Son ordination approchant, il se compare à un jeune fiancé qui n'aurait pas été plus pressé que lui.

Le jour venu, le jeune homme entre dans l'église. Il est proche de l'extase. Il raconte la cérémonie, énumérant les différentes étapes qui constituent l'ordination (bénédiction, communion, *etc.*). Cependant, alors qu'il relève la tête, il aperçoit de l'autre côté de la balustrade une jeune femme d'une beauté extraordinaire. « Ce fut comme si des écailles me tombaient des prunelles. » La sensation qu'il décrit est celle du recouvrement de la vue après une longue période d'aveuglement. L'évêque ne lui semble plus aussi rayonnant, les cierges lui semblent pâlir et l'église se plonger dans l'obscurité. De cette obscurité, se détache la jeune femme, « comme une révélation angélique » : elle lui paraît rayonnante. Le jeune homme tente de détacher son regard d'elle, qui le distrait tant. Mais même à travers ses cils, sa lumière étincelante semble l'atteindre.

Une longue description de la beauté de la jeune fille est alors faite par le narrateur : elle est si belle qu'aucun peintre ni poète ne pourraient retranscrire sa beauté. Elle est grande, blonde, d'une peau blanche, les yeux verts. Le narrateur s'arrête un instant sur ses yeux : « avec un éclair ils décidaient de la destinée d'un homme ». De ses yeux s'échappe une flèche qui aboutit directement dans son cœur. Pour lui, elle est un ange ou un démon. Il décrit encore son visage, ses épaules, ses vêtements, ses doigts, d'une transparence telle qu'ils laisseraient passer le jour.

Retour au temps de l'écriture : le vieux prêtre se souvient de tous les détails de son visage, vivement présents à son esprit.

Retour à l'église : le jeune homme qui la regarde voit de nouvelles portes s'ouvrir à lui, la perspective d'une nouvelle vie. Une angoisse le prend, au plus profond de lui-même, il aimerait faire marche arrière, son cœur pense non quand sa tête dit oui. Il se compare aux jeunes mariées contrariées qui pensent dire non au dernier moment et qui n'y parviennent pas, n'osant provoquer un scandale ou décevoir les attentes des personnes présentes à la noce.

Le regard de la jeune femme, braqué sur lui, change tout du long de la cérémonie : de tendre, il devient mécontent de ne pas avoir été compris. Le jeune homme aimerait crier, dire qu'il ne veut plus être prêtre, mais comme dans un cauchemar, il n'y parvient pas. La jeune femme semble percevoir ce martyre, et pour l'encourager, elle lui fait un clin d'œil plein de promesses.

Le narrateur imagine enfin le discours qu'elle tiendrait : elle le rendra heureux, elle est la beauté, la jeunesse, la vie, Dieu ne pourra rien lui offrir, « notre existence coulera comme un rêve ». Elle lui décrirait la vie qu'ils auraient ensemble. Il voit ce discours éventuel dans son regard, si parlant. Il veut renoncer pour elle, mais son cœur effectue la tâche mécaniquement. Elle lui lance un second regard suppliant, désespéré, qui lui transperce le cœur, car « c'en était fait, [il] étai[t] prêtre ».

Il se lit sur le visage de la jeune femme une angoisse et une tristesse poignantes, les mêmes qui auraient été présentes sur le visage d'une jeune femme trouvant son fiancé mort, d'une mère trouvant son enfant mort, etc. Elle devient blanche, ses jambes se dérobent sous elle. Il se trouve dans le même état.

Alors qu'il sort de l'église, une main de femme s'empare de la sienne. C'était la première qu'il touchait. La main était froide comme une peau de serpent et lui laissa une empreinte comme s'il était marqué au fer rouge. « Malheureux ! malheureux ! qu'as-tu fait ? » lui dit-elle avant de disparaître dans la foule.

Un vieil évêque passe et le regarde d'un air sévère. Le jeune prêtre se trouve mal, c'est un de ses camarades qui l'aide à rentrer au séminaire. Sur le chemin, un page mystérieux lui remet discrètement un billet. De retour dans sa cellule, il l'ouvre : « Clarimonde, au palais Concini. ». Il ne connaît pas la jeune femme malgré sa célébrité, mais, qu'elle soit grande dame ou courtisane, tout ce qu'il souhaite c'est la revoir.

Le narrateur décrit l'enracinement de son amour pour Clarimonde : il lui est désormais impossible de s'y soustraire. Il pense à elle constamment. Il se rend compte de sa condition de prêtre : la chasteté et l'indifférence à la beauté et à l'amour. Sa soutane est son linceul. Mais un désir de vie éclot en lui.

Le jeune homme souhaite revoir Clarimonde, mais cela lui est impossible, il n'a aucune raison ni possibilité pour sortir de son séminaire. Il imagine ensuite ce qu'aurait été sa vie auprès de Clarimonde : une vie mondaine. Or, il s'est emprisonné dans un tombeau en devenant prêtre. Il se met à la fenêtre et observe la nature et la place pleine de vie, remplie de jeunes gens, couples, camarades chantant… Il ressent une profonde solitude par rapport à cette gaîté, cet entrain, cette vie. Il aperçoit également un charmant tableau familial, et c'en est trop pour lui : il se jette sur son lit, fou de jalousie et de haine.

Alors qu'il se trouve dans cet état de prostration, l'abbé Sérapion s'introduit dans sa chambre et s'adresse à lui. Nous apprenons ainsi le prénom du jeune prêtre : Romuald. L'abbé a remarqué son changement de conduite. De calme et pieux, il est devenu un fauve. L'abbé lui somme de prendre garde contre le diable qui rôde autour de lui, irrité de ce qu'il a fait choix de consacrer sa vie à Dieu. Il l'encourage à se battre et à résister par la prière, le jeûne et la méditation. À ces mots, Romuald se calme, et l'abbé lui apprend qu'il est nommé à la cure de C***. Son départ est prévu pour le lendemain. Romuald tente de lire son missel, mais celui-ci lui glisse des mains.

Romuald est anxieux de partir sans avoir revu Clarimonde. Soudain, les paroles du prêtre au sujet du diable lui reviennent à l'esprit, et, se remémorant la rencontre avec Clarimonde, l'étrangeté de l'aventure, sa beauté surnaturelle, ses yeux, il voit en ces événements la présence du diable. Effrayé, il se relance dans ses prières.

Le lendemain, l'abbé et le jeune prêtre s'en vont à dos de mules. Pendant qu'ils traversent la ville, Romuald est en alerte et jette des regards autour de lui, espérant apercevoir sa belle avant de quitter définitivement les lieux. En haut de la colline, il aperçoit un palais au loin, éclairé d'un rayon de soleil. Romuald demande à l'abbé quel est ce palais. Celui-ci répond que c'est l'ancien palais que le prince Concini a donné à Clarimonde, une courtisane, et qu'il s'y passe des choses terribles. Romuald aperçoit alors une forme svelte, Clarimonde, sur la terrasse du palais, bien qu'il ne sache pas s'il s'agit de la réalité ou d'une illusion. Il imagine même que Clarimonde sait qu'il l'observe car leurs âmes sont liées.

L'ombre gagne le palais qui disparaît à sa vue. Ils repartent et au bout de trois jours arrivent au village. Romuald découvre l'église, modeste, sobre. Accourt vers lui le vieux chien de son prédécesseur, que le jeune prêtre adopte tout de suite, puis vient une femme assez âgée, gouvernante de l'ancien curé, que Romuald accepte de garder comme tout le reste.

Sérapion s'en retourne et Romuald demeure seul. Alors la pensée de Clarimonde lui revient et, un soir, alors qu'il se promène dans son petit jardin, il croit être suivi par une forme féminine, mais ce n'est qu'une illusion, car tout ce qu'il trouve est une trace de pied au sol de la taille d'un pied d'enfant. Cet événement reste toujours un mystère pour lui, mais ce n'est rien comparé à ce qui l'attend. Depuis un an, Romuald vit en accomplissant tous ses devoirs de prêtre, mais il ne parvient pas à être satisfait de sa vie, les paroles de Clarimonde lui reviennent en mémoire constamment. Le vieux prêtre qui écrit fait un aparté pour s'adresser à son frère, destinataire de la lettre : pour avoir une seule fois levé son regard vers une femme, il est puni toute sa vie : « ma vie a été troublée à tout jamais ».

Une nuit, un homme richement vêtu sonne à la porte. Sa maîtresse était à l'article de la mort et réclamait un prêtre pour l'extrême-onction. Romuald s'empresse de le suivre.

Dehors, deux chevaux noirs comme la nuit les attendent et filent comme des flèches à travers une forêt noire et glaciale qui provoque à Romuald une superstitieuse terreur. Ils ont l'allure de deux spectres à cheval. L'homme, notamment, pousse un cri inhumain si les chevaux ralentissent. Ils pénètrent dans le château, royal et féerique, animé de la course des pages et domestiques. Romuald reconnaît le page qui lui avait donné le papier au sortir de son ordination. Celui-ci vient lui annoncer la mort de la femme, et lui propose de veiller son corps. Romuald pleure : il a bien compris que cette femme était Clarimonde. Le narrateur décrit la chambre. Il s'y trouve notamment une rose blanche fanée à laquelle il ne reste qu'un seul pétale. Romuald s'agenouille, n'osant jeter un œil vers le lit, mais il se rend compte que cette chambre n'a rien de la chambre d'une morte : l'air est parfumé et la lumière pâle semble être une mise en scène. Il soupire, l'écho lui répond.

Se retournant, il aperçoit Clarimonde, couverte d'un voile blanc qui laisse paraître les formes de son corps. Elle est semblable à une statue. Il s'approche, rêvant que sa mort n'est qu'une astuce pour l'attirer dans son château. De dépit, il se met même à douter que ce soit bien elle. Il se rapproche encore du lit, se comparant à un jeune époux entrant dans la chambre de sa fiancée. Enfin, il ose soulever légèrement le drap et il la reconnaît. Le narrateur décrit la jeune femme, aussi splendide dans la vie que dans la mort. Elle est pâle, ses mains sont transparentes comme des hosties. Romuald a peine à croire qu'elle soit vraiment morte. Il touche son bras, froid, mais pas plus froid que dans l'église. Romuald se met à pleurer, il aurait souhaité lui insufflé sa vie. Enfin, il s'autorise un ultime baiser sur ses lèvres. C'est alors qu'il sent que Clarimonde répond à son baiser ! Ses yeux s'ouvrent, elle soupire et passe ses bras autour de son cou. Elle s'adresse à lui : elle le reconnaît, elle dit l'avoir attendu si longtemps qu'elle en est morte. Mais maintenant ils sont fiancés et elle ira le voir chez lui. Elle lui dit qu'elle l'aime et lui rend la vie qu'il lui a insufflée pour une minute par ce baiser. Puis, elle expire.

Un tourbillon entre dans la chambre, et le dernier pétale de la fleur s'envole, « emportant l'âme de Clarimonde ». Romuald tombe évanoui sur son sein.

Quand Romuald s'éveille, il est dans sa chambre du presbytère, Barbara la gouvernante et le chien l'ayant veillé trois jours durant. Le même homme qui l'avait emmené au château l'avait ramené au presbytère dans une litière. Romuald pense avoir été le jouet d'une illusion magique, avoir rêvé, mais c'était bien réel. En revanche, personne ne semble connaître le château qu'il décrit.

L'abbé Sérapion, appelé par Barbara pour la maladie de Romuald, arrive un matin. Romuald est contrarié de sa venue, car le regard de l'abbé est pénétrant. Il se sent coupable devant lui, l'abbé est en effet le premier à avoir découvert son trouble intérieur. Sérapion lui pose des questions banales, puis en vient au fait. Il lui annonce que la courtisane Clarimonde est morte des suites d'une orgie effroyable qui dura huit jours et huit nuits. Il décrit brièvement le festin et lui apprend qu'il existe d'étranges histoires sur Clarimonde : tous ses amants ont fini de manière misérable ou violente. On a dit que c'était une goule, mais lui pense que c'est le diable en personne. Sérapion remarque le trouble visible de Romuald. Sérapion finit par l'avertir qu'il est au bord du gouffre, et doit faire attention à ne pas y tomber. Il finit en annonçant qu'à ce qu'on dit, Clarimonde n'en est pas à sa première mort, puis s'en retourne à S***.

La vie reprend son cours pour Romuald, jusqu'au jour où il fait un rêve. Il entend les rideaux de son lit s'ouvrir et reconnaît Clarimonde qui se tient devant lui. Elle porte une lampe que l'on trouve dans les tombeaux, le suaire de la nuit de sa mort, sa chair se mélange avec le lin blanc. Elle ressemble à une statue de marbre, mais n'en est pas moins magnifique. Seul l'éclat de sa bouche et de ses yeux est plus pâle. Une fleur à ses cheveux, la même que la nuit de sa mort, a cependant fané. Elle s'adresse à lui : elle revient de loin, d'un endroit d'où personne n'est jamais revenu, où il n'y a ni lune, ni soleil. Mais l'amour est plus fort que la mort. Son âme a fait un voyage éprouvant pour retrouver son corps, ses mains en sont meurtries. Elle demande à Romuald de les lui baiser. Il s'exécute, oubliant toutes les recommandations de l'abbé. Romuald ne croit pas qu'elle puisse être un démon, il ne s'étonne même pas de ces événements étranges. Accroupie sur son lit, elle lui parle : elle l'aimait depuis bien longtemps avant de l'avoir vu, il était son rêve, le recherchait. Mais elle l'a trouvé trop tard, et maintenant elle est jalouse de son Dieu qu'il a préféré à elle. Attendri par ses caresses, il va même jusqu'à proférer un blasphème, lui assurant qu'il l'aime autant que Dieu. À ces mots, les yeux de Clarimonde s'éclairent : il sera son amant officiel, elle qui a refusé un pape. Ils partiront le lendemain, elle viendra le chercher à la même heure. Ayant dit cela, elle s'en va. Romuald se réveille le lendemain, passe la journée hanté par ce rêve qui lui semble si réel, et prie Dieu d'épargner sa prochaine nuit des mauvaises pensées.

Pourtant, la nuit suivante, Clarimonde revient, plus gaie encore que la première fois, bien parée et apprêtée. Elle le réveille, il doit se préparer. Clarimonde le presse, lui tend des vêtements. Se regardant dans un miroir qu'elle lui donne, il se trouve métamorphosé dans ces élégants habits. Il se trouve beau et se flatte de sa beauté. Ils partent enfin. Les portes s'ouvrent devant Clarimonde dès qu'elle les touche…

L'écuyer qui était déjà venu le chercher, Margheritone, les

attend devant la maison avec trois chevaux noirs qui filent comme le vent. Ils arrivent dans une plaine où les attend une voiture. Romuald s'installe, tenant Clarimonde dans ses bras. Il n'a jamais éprouvé un bonheur aussi vif, il oublie toute son ancienne vie de prêtre. À partir de cette nuit, sa nature s'est dédoublée : « Tantôt je me croyais un prêtre qui rêvait chaque soir qu'il était gentilhomme, tantôt un gentilhomme qui rêvait qu'il était prêtre. » Le prêtre méprise le libertin, le libertin se raille du prêtre. En revanche, il ne pense pas avoir été fou une seule fois, il n'y a qu'un sentiment absurde qu'il ne peut expliquer : le sentiment qu'un même « moi » existe dans ces deux hommes si différents.

Clarimonde et Romuald s'installent à Venise, dans un palais digne d'un roi. Clarimonde a un train de vie de Cléopâtre, Romuald vit comme un prince, prétentieux et insolent. Il joue, fréquente le beau monde. Son amour pour Clarimonde est toujours aussi présent : l'avoir comme maîtresse, c'est avoir vingt maîtresses, car elle se transforme et change son caractère pour lui plaire à chaque fois à nouveau. Elle refuse tous les autres amants, seul son amour lui importe. Cependant, toutes les nuits, un cauchemar revient à Romuald : il rêve qu'il est un prêtre de campagne qui prie pour son salut. Parfois, les paroles de l'abbé Sérapion lui reviennent et lui donnent de l'inquiétude…

Depuis quelques temps, la santé de Clarimonde se détériore. Son teint perd de son éclat, aucun médecin n'y peut rien. Elle pâlit et refroidit à vue d'œil, devenant semblable au jour de sa mort au château de Concini. Un matin, Romuald qui veille auprès d'elle se coupe le doigt avec un couteau, quelques gouttes de sang jaillissent sur elle. Alors ses yeux s'éclairent et son visage prend une expression de joie féroce, sauvage. Elle bondit du lit comme un animal et se précipite sur sa blessure qu'elle se met à sucer avec un air de volupté.

Les pupilles de ses yeux étaient devenues oblongues au lieu de rondes. Le sang ne coulant plus, elle se relève plus rayonnante que jamais : elle ne mourra pas, dit-elle.

La nuit même, lorsque le sommeil le ramène à son presbytère, Romuald voit Sérapion dans sa chambre qui lui dit que non content de perdre son âme, il perdra également son corps. Il est tombé dans un piège. Mais Romuald oublie bien vite les paroles de l'abbé. Cependant, un soir, il aperçoit Clarimonde verser de la poudre dans son vin. Il jette le contenu de la coupe sous la table. La nuit, il feint de dormir, alors que Clarimonde entre dans sa chambre et s'allonge auprès de lui. Elle découvre son bras et tire une épingle d'or de sa tête. Elle murmure : elle ne demande qu'une petite goutte de sang, elle ne doit pas mourir s'il l'aime encore. Elle ne veut lui prendre de sa vie que ce qu'il faut pour conserver la sienne. Elle pourrait avoir des amants pour leur voler leur sang, mais elle l'aime trop pour le tromper. Clarimonde pleure de devoir lui faire cela, mais enfin elle se résout à le piquer, boit quelques gouttes, et craignant de l'épuiser trop, elle n'en prend pas plus et cicatrise la plaie.

Romuald n'a plus de doutes : Sérapion a raison. Cependant, il aime tant Clarimonde qu'il est prêt à sacrifier de son sang pour lui conserver la vie. Mais ses scrupules de prêtre le reprennent plus vivement que jamais. Il essaye de se tenir éveillé au maximum, mais toujours le sommeil le rattrape. Il rencontre alors à nouveau Sérapion, qui lui reproche son manque de ferveur. L'abbé propose alors une méthode radicale pour libérer Romuald : tous deux iront à la tombe de Clarimonde et déterreront son corps pour que Romuald se rende compte dans quel état est l'objet de son amour. En voyant le « cadavre immonde dévoré des vers et près de tomber en poudre », il rentrera en lui-même, pense Sérapion. Romuald, fatigué de cette double vie, accepte. Il veut savoir lequel du libertin ou du mondain est réel. Les deux hommes se rendent donc au cimetière de *** et trouvent une tombe où il était écrit : « Ici gît Clarimonde / Qui fut de son vivant / La plus belle du monde. » Sérapion se met alors à creuser. Romuald l'observant le trouve semblable à un démon. Enfin, l'abbé tombe sur le cercueil et l'ouvre. Clarimonde est blanche comme le marbre, une petite goutte rouge au coin de sa bouche. Sérapion entre dans une véritable fureur, la traitant de démon, de courtisane, d'impudique et de buveuse de sang et d'or, et il l'asperge d'eau bénite. Son corps tombe alors en poussière, dans un mélange de cendres et d'os. Une grande ruine se fait à l'intérieur de Romuald. Le libertin et le prêtre se séparent. La nuit suivante, Romuald voit Clarimonde qui lui dit comme dans l'église : « Malheureux ! malheureux ! qu'as-tu fait ? » Elle lui demande s'il n'était pas heureux avec elle, et pourquoi elle a violé sa pauvre tombe. Ils ne peuvent plus communiquer, elle lui dit adieu et lui affirme qu'il la regrettera. Et en effet, ce fut la dernière fois qu'il la vit.

Le vieux Romuald finit sa confession. Elle a dit vrai, il l'a regrettée plus d'une fois dans sa vie et la regrette encore. L'amour de Dieu n'était pas de trop pour remplacer le sien. Il finit en s'adressant à son frère : voilà l'histoire de sa jeunesse. Il lui conseille de ne jamais regarder une femme car, bien que chaste et calme, « il suffit d'une minute pour faire perdre l'éternité ».

LES RAISONS
DU SUCCÈS

Le XIXe siècle n'inventa pas le conte. Le conte apparaît dès le Moyen Âge et acquiert ses lettres de noblesse au XVIIIe siècle avec le conte philosophique. Au XIXe siècle, le conte se développe et devient un genre à succès. Un grand nombre d'écrivains de ce siècle ont pratiqué cette forme de récit bref : Nodier, Mérimée, Maupassant, épisodiquement Balzac, Stendhal, Zola. Le récit bref se caractérise par un nombre de pages limité, une structure assez simple, un nombre de personnages et d'événements réduits. Le récit est le plus souvent fermé sur lui-même, dans un écho au début, ou dans une conclusion d'un narrateur confident. Des formes diverses du conte foisonnent au XIXe siècle : contes merveilleux, folkloriques, fantastiques, réalistes, et même des contes poétiques. Le conte fantastique connaît un enthousiasme qui se prolongea par l'invention de la science-fiction. En France, le succès imminent des contes d'Hoffmann en 1830, la traduction des *Nouvelles extraordinaires* d'Edgar Allan Poe par Baudelaire servent de catalyseur : tous s'inspirèrent d'eux. *La Morte amoureuse* fut le récit fantastique qui eut le plus de succès, et qui fut le plus connu.

Flaubert dit à propos de Gautier à l'occasion de sa mort (1872) que l'« on reconnaîtra plus tard […] que c'était un grand poète. En attendant, c'est un auteur absolument inconnu. » Gautier est en effet connu plutôt dans le milieu littéraire qu'au niveau du grand public. Pourtant, Baudelaire lui dédit *Les Fleurs du Mal* : « Au poète impeccable, au parfait magicien des lettres françaises, à mon très cher et vénéré MAÎTRE ET AMI. » Flaubert et lui sont amis intimes depuis 1863, l'attachement de Gautier à Hugo a duré toute sa vie, et Hugo dit de lui dans le recueil d'hommages qui lui est consacré : « Je te salue au seuil sévère du tombeau. / Va chercher le vrai, toi qui sus trouver le beau… » Mallarmé admire la « justesse de touche » de sa poésie, sa phrase miraculeusement équilibrée, qui « offre le modèle parfait d'une âme qui vit dans la beauté ».

LES THÈMES PRINCIPAUX

Les thèmes traités par Gautier sont à peu de choses près les mêmes que ceux des autres récits brefs. Il est question de l'existence et des manifestations du mal. Pour Gautier, satanisme et fantastique font bon ménage. C'est le caractère irrationnel des événements qui amène la référence aux figures traditionnelles du mal : comment Clarimonde aurait-elle pu faire succomber un prêtre sûr de sa vocation sinon grâce à une beauté et un envoûtement surnaturels issus du malin ? Gautier puise dans les différentes sources judéo-chrétiennes, antiques et orientales pour désigner son personnage fantastique dans tous ses récits : le diable, Belzébuth, les vampires, les goules... Cependant, Gautier n'en reste pas à ce traitement traditionnel. Il montre à plusieurs reprises que l'opposition entre bien et mal n'est pas aussi tranchée qu'on l'affirme, enfin que cette opposition doit être dépassée. Il adoucit tout d'abord la représentation du mal. Clarimonde n'a ni griffes, ni cornes diaboliques, elle a tout l'air d'un ange à première vue. Clarimonde est amoureuse et son vampirisme est au service de l'amour : elle souhaite vivre puisque son amant l'aime encore, mais ne tient pas à le faire mourir en le vidant de son sang. À l'inverse, les personnages censés représenter le bien sont plus inquiétants : Sérapion est comparé à un démon et n'hésite pas à profaner les tombes. Il est décrit comme étant gris, noir, à l'inverse de Clarimonde qui est rayonnante. Gautier retrace ainsi l'opposition entre la Beauté, le désir (Clarimonde) et la Loi, l'ascèse (Sérapion).

Il est également question du thème du voyage dans le temps. Clarimonde incarne en effet l'irruption d'une revenante dans l'époque de Romuald. Le voyage est aussi géographique : toutes les nuits, Romuald voyage entre sa cure et Venise. Ses voyages sont mus par la force du désir qui agit comme par magnétisme.

Un autre thème, très présent dans *La Morte amoureuse*, est

celui du double. Le dédoublement est réservé à l'homme, la femme unissant logiquement en elle les contraires. Romuald finit par ne plus savoir qui est le vrai Romuald. Gautier évite de pousser jusqu'à la folie ce dédoublement. Il écarte l'interprétation psychologique, trop attendue, et choisit d'évoquer sans l'expliquer la double vie de son personnage, maintenant ainsi le caractère fantastique du texte.

Enfin, le thème de l'art, à travers la beauté et la mort, reçoit un traitement particulier dans *La Morte amoureuse*. Clarimonde est considérée comme ne pouvant être décrite par les peintres ou les poètes. Clarimonde a une beauté idéale, elle incarne l'archétype de la féminité et de la beauté. Clarimonde est, à de nombreuses reprises, comparée à une statue de marbre, comparaison qui exprime l'idée d'un absolu de la beauté. Pour Gautier, l'art antique a seul réussi à accéder à la vraie beauté. Mais la comparaison de la femme à une statue a aussi des connotations morbides et mortuaires. La température et la rigidité du corps rappellent l'origine d'outre-tombe de la femme aimée qui reste froide même dans l'étreinte amoureuse. Gautier voit trois significations dans le marbre : la beauté, l'éternité, la mort. Les unir, c'est assurer la pérennité de la belle forme.

Tous ces thèmes sont des topiques de la littérature fantastique. Théophile Gautier n'a pas achevé sa vingtième année lorsqu'il rédige, en 1830, un article à la gloire d'Hoffmann, maître incontestable du conte fantastique, tout fraîchement révélé au public français. Hoffmann a eu une grande influence sur Gautier – preuve en est le récit *Onuphrius ou les vexations fantastiques d'un admirateur d'Hoffmann*. Et en effet, l'année suivante, Gautier publie son premier récit fantastique : *La Cafetière*. Le nom « Sérapion » rappelle *Les Frères de Saint-Sérapion*, amenant le personnage du vampire femelle et séduisant, maléfique malgré lui. *Les Élixirs du diable d'Hoffmann*, traduit en 1829, traitant du dédoublement et des désirs du prêtre, lui a entre autres très vraisemblablement servi de source. Parmi les autres sources de Gautier, on peut également penser au *Diable amoureux* de Cazotte (1772), au *Moine* de Lewis (1796), ou encore au *Vampire* de Polidori (1817) et à « La Fiancée de Corinthe » de Goethe, récit d'une nuit d'amour entre un jeune homme et une revenante qui « suce le sang de son cœur ».

ÉTUDE DU MOUVEMENT LITTÉRAIRE

Le grand combat de Gautier fut un combat esthétique. On distingue en général trois périodes dans sa carrière : le romantique, le défenseur de l'art pour l'art, le parnassien.

Gautier a commencé comme romantique auprès d'Hugo. « C'était le 25 février 1830, le jour d'*Hernani*, une date qu'aucun romantique n'a oublié. » La représentation de la pièce d'Hugo engendra la « bataille d'*Hernani* », polémique autour du genre théâtral entre les garants du classicisme et les nouveaux dramaturges romantiques comme Hugo qui renouvellent le genre en faisant voler en éclat les règles classiques telles les trois unités, les alexandrins, etc. « Pour cette génération, *Hernani* a été ce que fut *Le Cid* pour les contemporains de Corneille. Tout ce qui a été jeune, vaillant, amoureux, poétique, en reçut le souffle. » Gautier, avec toute l'exubérance de sa jeunesse, arbore un costume dont il n'est pas peu fier : gilet rouge, pantalon vert, cheveux longs. Il se place ainsi en opposition avec les classiques, dont le costume noir et le col strict sont le reflet d'un temps révolu.

Puis vient sa période « art pour art ». Il décrit dans ses *Jeunes-France* ceux qu'il nomme les « précieuses ridicules du romantisme » et dénonce l'idée de l'art pour le progrès, chère à son ami – et qui le resta – Hugo, dans le préface de *Mademoiselle de Maupin*. Plus tard, il raille les épanchements lyriques, les expressions trop vives de sensibilité des romantiques. Il leur oppose un art qui ne défendrait que le beau, dégagé des préoccupations extérieures, sociales, philosophiques ou politiques.

Enfin, Gautier passe par le « mouvement parnassien ». Ce mouvement réunit dans les années 1860 un certain nombre d'artistes autour de Leconte de Lisle. Pour eux, l'art n'a pas à être utile ou vertueux. Le seul but de l'art est la beauté. Ils se tournent alors vers Gautier, fervent défenseur de « l'art pour l'art ». On sollicite sa participation au *Parnasse contemporain*, dirigé par Catulle Mendès, en même temps que la participation de Baudelaire et de Banville.

Cependant, cette classification se révèle un peu trop stricte. Gautier a affiché toute sa vie sa fidélité au romantisme. *Mademoiselle de Maupin* est même considéré par la postérité comme la « Bible du romantisme ». En fait, Gautier reste fidèle à ses valeurs : la défense du Beau, de la liberté, de l'indépendance de l'art.

DANS LA MÊME COLLECTION
(par ordre alphabétique)

- **Chateaubriand**, *Atala*
- **Chateaubriand**, *René*
- **Chrétien de Troyes**, *Perceval*
- **Cocteau**, *Les Enfants terribles*
- **Colette**, *Le Blé en herbe*
- **Corneille**, *Le Cid*
- **Crébillon fils**, *Les Égarements du cœur et de l'esprit*
- **Defoe**, *Robinson Crusoé*
- **Dickens**, *Oliver Twist*
- **Du Bellay**, *Les Regrets*
- **Dumas**, *Henri III et sa cour*
- **Duras**, *L'Amant*
- **Duras**, *La Pluie d'été*
- **Duras**, *Un barrage contre le Pacifique*
- **Flaubert**, *Bouvard et Pécuchet*
- **Flaubert**, *L'Éducation sentimentale*
- **Flaubert**, *Madame Bovary*
- **Flaubert**, *Salammbô*
- **Gary**, *La Vie devant soi*
- **Giraudoux**, *Électre*
- **Giraudoux**, *La Guerre de Troie n'aura pas lieu*
- **Gogol**, *Le Mariage*
- **Homère**, *L'Odyssée*
- **Hugo**, *Hernani*
- **Hugo**, *Les Misérables*
- **Hugo**, *Notre-Dame de Paris*
- **Huxley**, *Le Meilleur des mondes*
- **Jaccottet**, *À la lumière d'hiver*
- **James**, *Une vie à Londres*
- **Jarry**, *Ubu roi*
- **Kafka**, *La Métamorphose*
- **Kerouac**, *Sur la route*
- **Kessel**, *Le Lion*

- **La Fayette**, *La Princesse de Clèves*
- **Le Clézio**, *Mondo et autres histoires*
- **Levi**, *Si c'est un homme*
- **London**, *Croc-Blanc*
- **London**, *L'Appel de la forêt*
- **Maupassant**, *Boule de suif*
- **Maupassant**, *Le Horla*
- **Maupassant**, *Une vie*
- **Molière**, *Amphitryon*
- **Molière**, *Dom Juan*
- **Molière**, *L'Avare*
- **Molière**, *Le Malade imaginaire*
- **Molière**, *Le Tartuffe*
- **Molière**, *Les Fourberies de Scapin*
- **Musset**, *Les Caprices de Marianne*
- **Musset**, *Lorenzaccio*
- **Musset**, *On ne badine pas avec l'amour*
- **Perec**, *La Disparition*
- **Perec**, *Les Choses*
- **Perrault**, *Contes*
- **Prévert**, *Paroles*
- **Prévost**, *Manon Lescaut*
- **Proust**, *À l'ombre des jeunes filles en fleurs*
- **Proust**, *Albertine disparue*
- **Proust**, *Du côté de chez Swann*
- **Proust**, *Le Côté de Guermantes*
- **Proust**, *Le Temps retrouvé*
- **Proust**, *Sodome et Gomorrhe*
- **Proust**, *Un amour de Swann*
- **Queneau**, *Exercices de style*
- **Quignard**, *Tous les matins du monde*
- **Rabelais**, *Gargantua*
- **Rabelais**, *Pantagruel*

- **Racine**, *Andromaque*
- **Racine**, *Bérénice*
- **Racine**, *Britannicus*
- **Racine**, *Phèdre*
- **Renard**, *Poil de carotte*
- **Rimbaud**, *Une saison en enfer*
- **Sagan**, *Bonjour tristesse*
- **Saint-Exupéry**, *Le Petit Prince*
- **Sarraute**, *Enfance*
- **Sarraute**, *Tropismes*
- **Sartre**, *Huis clos*
- **Sartre**, *La Nausée*
- **Senghor**, *La Belle histoire de Leuk-le-lièvre*
- **Shakespeare**, *Roméo et Juliette*
- **Steinbeck**, *Les Raisins de la colère*
- **Stendhal**, *La Chartreuse de Parme*
- **Stendhal**, *Le Rouge et le Noir*
- **Verlaine**, *Romances sans paroles*
- **Verne**, *Une ville flottante*
- **Verne**, *Voyage au centre de la Terre*
- **Vian**, *L'Arrache-cœur*
- **Vian**, *L'Écume des jours*
- **Voltaire**, *Candide*
- **Voltaire**, *Micromégas*
- **Zola**, *Au Bonheur des Dames*
- **Zola**, *Germinal*
- **Zola**, *L'Argent*
- **Zola**, *L'Assommoir*
- **Zola**, *La Bête humaine*
- **Zola**, *Nana*
- **Zola**, *Pot-Bouille*